Wie werde ich Millionär?

...indem Sie dieses Buch gleich 100mal kaufen!

von
Josef Prestel
(alias Ohrenigel)

Alle in diesem Buch veröffentlichten Kapitel wurden sorgfältig recherchiert. Da Fehler in Bezug auf Inhalt, Beiträge, Eigennamen oder Firmen jedoch nicht völlig ausgeschlossen sind, übernimmt der Autor keine Haftung oder juristische Verantwortung für daraus resultierende Folgen. Anmerkungen, Anregungen und Korrekturen werden jedoch gerne entgegengenommen und in der folgenden Auflage berücksichtigt.

Alle Rechte an der Zusammenstellung dieses Buches beim Autor
Covergestaltung: Josef Prestel
(August 2010)

Herstellung und Verlag:
Books on Demand GmbH,Norderstedt
ISBN 978-3-8423-2865-5

Autor:
Josef Prestel
www.prestelmusik.de
prestel-multimedia@t-online.de

Vorwort

Vor zehn Jahren, im März 2000, erreichte der Neue Markt seinen absoluten Höhenflug. Es war die Zeit der Geldekstase, als der Bäckermeister sich aufs Zeichnen indischer Internet-Aktien verlegte und der Beamte beim Blick aufs Börsenband ins Schwitzen geriet. Außerdem gab es etliche Verrückte im Land der Dichter und Denker, die sich ihr tägliches Brot (und ihren Porsche) als *„Daytrader"* am Neuen Markt verdienten.

· **Daytrading** oder **Intraday-Trading** (englisch für: Durchführen von Handelsgeschäften innerhalb eines Tages) ist eine Spekulationsart an der Börse, bei welcher Tagesschwankungen besonders volatiler Aktien ausgenutzt werden.

Dem deutschen Privatanleger wurde Daytrading erstmals im Januar 1997 ermöglicht, und zwar durch Discount-Broker wie *Fimatex*. Seit Oktober 1998 war *Consors* hier mit Abstand die Nummer eins in Deutschland und absoluter Kult! Hier konnte man ohne Umwege, direkt über den heimischen Computer, im eigenen Namen auf eigene Rechnung in Echtzeit an der Börse handeln.

Der harte Kern der Daytrader (gewöhnlich Consors-Kunden) war ca. von 9 Uhr bis 22 Uhr online am heimischen PC, um die neusten Aktienkurse, Wirtschaftsdaten, Unternehmensaktivitäten, Börsengerüchte und weiteres mehr direkt (in Echtzeit) verfolgen zu können.
(Start an der Deutschen Börse war um 9 Uhr; Ende NASDAQ und Dow-Jones um 22 Uhr.)
Der Austausch von Informationen erfolgte auf der Plattform (Chatroom) des Consors-Board. Dort wurde in den Leerlaufzeiten nicht nur gefachsimpelt, sondern auch geblödelt , gedichtet, geschimpft, beleidigt, geflirtet... Je nachdem, wie sich die Kurse entwickelten, änderte sich das Vokabular. So kippte bei fallenden Kursen die Kommunikation schnell in die Fäkalsprache um.

Dieses Buch befasst sich nun in erster Linie mit den unterhaltsamen Mailings der Trader-IDs „Kampfente" und „Ohrenigel", von welchen ich damals (1999-2001) einige willkürlich und zufällig abgespeichert habe.

Ich habe bewusst auf die fachbezogenen und bösen Postings verzichtet und veröffentliche hier nur die liebenswerten, skurrilen und humorvollen Beiträge. Auch gibt es keinen roten Faden, die Beiträge werden schlicht aneinandergereiht. Jedoch habe ich mir die Mühe gemacht, einige Geschichten mit gezeichneten Bildchen zu ergänzen.

Möge das Buch dem werten Leser viel Vergnügen bereiten!

5

Inhalt

6

7

Rund ums Kampfentechen

Das Kampfentchen

Kampfentchen, auch genannt „Die Sanftmütige"! So sanftmütig, dass einige Erpel am Board jedesmal verängstigt ihre Schwanzfedern absenkten sobald Ente frühmorgens zu Börsenbeginn in ihrer nach eigenen Worten „kleinen Dachkemenate" unterm Kashmirdeckchen hervorschlüpfte und mit „einen flauschigen Guten Morgen, Gnurrrrrrrrrrrrrrrrrrrrrrrrr!" das Consors-Board betrat. Dort wütete sie dann den Rest des Tages ausgiebig, sarkastisch-zynisch und eloquent gegen die Verbrecherbanden von Bankern, die Manager-NULLEN und überhaupt alle testosterongestörten ERPEL im allgemeinen! Es sei denn, Mahmoud, der Webmaster - neben Plustick ihr Lieblingshassobjekt - hatte ihr ob ihrer Flauschigkeit gerade mal wieder, wie so oft, unverschämterweise den Schnabel verknebelt (= ihr den Boardzugang gesperrt) …

Ihr Rat an alle Jungentchens, wie man als „SAU-SLAUE" Ente mit den Dumpferpeln umzugehen hat: „Anlockphase - Schmusephase - Abzockphase".

Ente polarisierte extrem, entweder man hasste sie (plustick, Webmaster, u.a.) oder man liebte sie. Sie verstand es, vieles einzustecken und verstand es noch mehr, grandios auszuteilen und zurückzubeissen, vor allem in Richtung der von ihr aus Prinzip als geistig minderbemittelt und als testosterongestört verachteten ERPEL! Apropos „austeilen": Sie war auch berühmt für ihre „Entenkekse", die sie jeweils an Weihnachten in grosser Menge für alle Boardler buk und verschickte, die gerade NICHT in Ungnade bei ihr standen. Dieses Backwerk war einigen ein

Mysterium, denn einige „Entenhasser" verwandelten sich nach dessen Genuss sofort in Entenbewunderer, die sogar vor einem virtuellen Heiratsantrag im Board nicht zurückschreckten. Im Laufe der Zeit wurden die Keksempfänger als „Entenkeks-Junkies" bezeichnet und es wurde jedes Jahr schon ab dem Sommer gerätselt, Wer nun dieses Jahr Kekse bekommt und wer nicht. Ente nutzte es am Schluss gnadenlos aus, dass alle an der Entenkeksnadel hingen… Was einige zu dem Verdacht brachte, da wären geheime Drogen in den Zutaten enthalten und deshalb die Freilegung der REZEPTE verlangt wurde (was Kampfentchen aber immer standhaft verweigerte)…

Ihr Hauptproblem an der Börse war „diese sau-swere Mathematique!". Einige zweifelten deswegen sogar, ob das Entchen in jungen Jahren WIRKLICH ein abgeschlossenes Studium zuwege gebracht hatte, wie sie immer behauptete.

Michiko, im realen Leben Mathelehrer, versuchte mit Geduld immer wieder, ihr wenigstens die Grundzüge der Mathematik nahe zu bringen, was jedesmal dazu führte, dass das halbe Board vor Lachen unter dem Tisch lag, wenn Ente, in 90 % der Fälle vergeblich, versuchte, eine Matheaufgabe am Board zu lösen.

Trotzdem sie Prozentrechnen nur rudimentär beherrschte, schaffte Kampfentchen es, an der Börse damals von „ihrer kleinen Dachkemenate" aus, mit EMTV-Aktien über 1 Mio. DM zu erspekulieren. Der Neid darauf brachte einige Boarderpel fast um. Leider besass sie auch den BRUT-Trieb einer Ente und blieb auf den Aktien sitzen, als längst verkaufen angesagt gewesen wäre.

Das Entenkind

...als aber in der finsteren Nacht,
die Ente das Ei zur Welt gebracht,
da haben das nur zwei Tiere gesehn,
die taten grad um das Nest rumstehen.

Es war ein Ochs und ein Eselein,
die bedauerten das Entenküken so klein,
das lag da ganz ohne Flaum und Haar
und die Ente war auch nicht da.

Da sprach der Ochs: "Ich geb dir mein Horn,
so bist du wenigstens sicher vorn."
Da sprach der Esel:"Nimm meinen Schwanz,
auf daß du dich hinten wehren kannst."

Es bedankte sich sehr das Entenkind,
empfing Hörner und ein Schwänzchen hint.
Auch wenn es euch jetzt nicht gefällt,
so kam der Teufel auf die Welt!

...tschuldigung ist jetzt aber schon das 3.Bier......
;-)

(Ohrenigel)

Die Entenbäckerei

Der Igel mit dem langen Ohr
wird jetzt zum Bäcker und Konditor.
Aus Butter und dergleichen Sachen
will ich ein Ebenbild der Ente machen!
Hey Leute im Board weit und breit
spendet Eier und Mehl für diese Tätigkeit
und diese Spende
wandern dann durch meine Künstlerhände!

Sobald, nachdem ich mich geschneuzt,
werde ich zum schaffen angereizt.
Mehl und Eier, Fett und Schmalz
wird geknetet und gewalzt.
Der Teig geht auf, er ist gut geraten
Jetzt ist es Zeit zu neuen Taten.

Zuerst mit großem Vorbedacht,
wird Kopf und Leib und Schwanz gemacht.
Die Augen macht man mit dem Daumen
mittels zwei gedörrten Pflaumen.
Als Schnabel wird die rote Rübe
zweckmäßig in den Kopf getrieben.
Fast fertig und mit Wonne
schmeiß ich den Rest in eine Tonne.

Nicht schlecht! Nur erscheint mir bloß
das ganze Gesicht etwas zu groß.
Nochmal gemacht! - Und zwei Rosinen,
die können auch als Augen dienen.
Und, da das Ganze ein Symbol,
macht ich den Schädel innen hohl! :-)
Und wieder mit geheimer Wonne
Schmeiß ich den Rest in eine Tonne.

Hier steht der Vogel stolz und groß,
doch jeder denkt ans Essen blos!
Ein Kunstwerk denk ich mit Bedacht,
das sehr viel Mühe hat gemacht!
Kaum steht im Board der Vogel frei,
kommt auch das Tradervolk herbei.
Der Mund ist voll, man spricht kein Wort,
ruckzuck ist schon der Vogel fort!

...und die Moral von der Geschicht:
Eine Ente ist schön anzuseh`n beim Fliegen -
doch aufgegessen macht sie mehr Vergnügen!

(Frei nach W. Busch)
(Ohrenigel)

Nimm Dich in Acht...

Nimm dich in Acht vor der Kampfente in blond,
die hatt 'nen geschminkten Schnabel.
Es ist ihr nicht immer anzuschaun,
doch sie will dir an den Kragen.

Ein kleines posting sei erlaubt dir,
doch denke immer sie ist ein Raubtier.
Schau dir ihr Haar erst auf seine Farbe an,
weil man daraus den Charakter deuten kann.
Dunkle Enten sind gewöhnlich sanft wie der Mond,
schwer zu durchschauen sind dagegen die Racker in blond.
Mal dir kein Glück mit den blonden Entchen aus,
eh du`s geahnt kommen schon die Krallen raus.

Nimm dich in Acht vor der Kampfente in blond;
die hatt 'nen geschminkten Schnabel.
Es ist ihr nicht immer anzuschaun,
doch sie will dir an den Kragen.

Geschminkt sind Wangen, Augen, Lippen und Seele.
Geschminkt ist jeder süße Ton aus ihrer Kehle.
So wirst du langsam angelockt
und dann erbärmlich abgezockt!
Und während du noch leckst die Wunden,
späht sie schon aus den nächsten Kunden.

(Ohrenigel)

"Ode an mein liebes Kampfentchen"

Seit Wochen quält mich meine Seele
drum höre, was ich hier erzähle:
Reinst vegetarisch ist mein Mahl,
die Körner sind gar hoch an Zahl!
Ich wähl auch immer nur grünrot,
wenn nicht, Du darfst mich BEISSEN tot.
Die Frauenleiden kenn ich gut,
drum schrei ich auch im Board nie Blut.
Ich spüle, wasche, putze, bügle,
am besten, wenn ich Frauen prüg..*ähh streichen!*
Ich bügle, wasche, spüle, putze,
ich bin der Frauenwelt zunutze!
Natürlich darfst Du mich chauffieren,
ich werd nie die Geduld verlieren.
Mein Schniedelchen ist klitzeklein,
ich möchte trotzdem in Dich r...*neiiin, noch ein Rückfall,*
EMTV, das ist mein Star.   *streichen!!*
Ich pushe nie, das ist doch klar!
Du siehst, ich bin gar sehr korrekt.
Du hast DEN Traumerpel entdeckt!
Niemals komm ich zu früh, zu spät,
kriege ich jetzt endlich mal ein Date?

(Flauschelhai)

Hering und Ente

Ein Hering liebte eine Ente
Vom grünen Wiesengrund;
Es war sein Dichten und Trachten
Ein Kuss von ihrem Mund.

Die Ente, die war spröde,
Sie blieb in ihrem Haus;
Der Hering sang und seufzte,
Sie schaute nicht heraus.

Nur eines Tages öffnet sie
Ihr purpurrotes Schnabelpaar;
Sie wollt im Meeresspiegel
Beschau'n ihr blondes Haar.

Schnell kam der Hering geschwommen,
Streckt seinen Kopf heraus
Und dacht an einem Kusse
In Ehren sich zu erfreun!

O Harung, alter Harung,
Wie schwer wirst du blamiert!
Sie schloß in Wut den Schnabel,
Da war er guillotiniert.

Jetzt schwimmt sein toter Leichnam
Blutrot im blauen Meer
Und denkt: „In meinem Leben
Lieb ich keine Ente mehr!"

(frei nach Joseph V. von Scheffel)
(Ohrenigel)

17

Börse
im Allgemeinen

Börsenjüngling

Ein Irrtum, welcher sehr verbreitet
und manchen Jüngling hier irreleitet,
Ist der: dass Börse eine Sache,
die immer viel Vergnügen mache.
Der Boardler meinte dieses, als -
er Gewinne machte, ebenfalls.

Doch schnell belehrt wird er,
wenn die Aktien fallen sehr.
Die Hände zittern, das Gesicht wird bleich -
der Umgangston wird zum Geschrei.

Jetzt heißt es fasten und sparen
wieder mit dem Fahrrad fahren.
Entbehren all den feinen Sachen,
die wir aus Gänseleber machen.
Wozu man auch wohl Kaviar nimmt
und guten alten Congac trinkt.

Ich will mal sagen Champagnertorten,
Sekt und Rotwein aller Sorten,
auch Apfel-, Sahne-, Käsekuchen
kann er jetzt nicht mehr oft versuchen.

So auf Diät wird er schnell schlau
und weiß jetzt viel und sehr genau -
die Moral von der Geschicht´:

WENN EINE AKTIE FÄLLT,
DANN STEIGT SIE NICHT!!!!

(frei nach W. Busch)
(OHRENIGEL)

Das Geheimnis der Börse!

Man kauft 1 Huhn und 1 Hahn
Das Huhn legt 10 Eier
Nach 4 Wochen hat man 11 Hühner

Die wiederum legen 110 Eier
Danach hat man 121 Hühner.

Die legen wieder 1.210 Eier
Dann hat man zusammen 1.331 Hühner

Das geht dann soweiter.
Nach 12 Monaten hat man 1.159.000 Hühner
Ein Riesengeschäft.

Plötzlich kommt ein Unwetter
Und alle Hühner ertrinken
Man ist pleite!

Und wo ist jetzt das Geheimnis?
(Man hätte Enten kaufen sollen!)

20

Der kleine Igel

Nächtlich auf der Börsen-Weide,
Grasen viele große Trader-Kühe,
Kauen,
Schauen,
Tun mir nichts zuleide,
Während ich mich durch sie durch bemühe.
Wenn sie wollten, könnten sie mich überrennen,
Doch sie werden nicht dran denken,
Da sie
Quasi
Gar nicht Denken können.
Außerdem sind sie nicht abzulenken.
Und so geh ich lautlos durch die Herde
Auf dem Gras, daran sie kauen,
Eilig,
Weil ich
Plötzlich bange werde,
Daß sie meine schwache Position durchschauen.

(Ohrenigel)

Das Börsenhaus

Das hast du stets gewußt,
Daß es das gibt: das Börsen-Haus.
Da tritt man warm hinein
Und kommt erkaltet raus.
Die angelehnte Tür -
Der Lichtstrahl lockt dich jetzt hinein.
Du weißt genau
Besser wär`s - es sollt nicht sein.
"Dann geht ihr schon mal vor
Ich komme nach, na klar."
Noch hoffst du, daß du lügst.
Schon weißt du: Es wird wahr.

(Ohrenigel)

Überlebensstrategie für alle Trader

Gib deinem Goldfisch nie einen Namen! Du weißt nicht ob
du ihn mal ...

... aufessen mußt!

(Ohrenigel)

25

Consors
im Besonderen

...in die 1. Klasse eingeschult.

Meinem Neffen habe ich schon vor Jahren erklärt, wie man ins Consors-Board gelangt. Er ist seither regelmäßig im Board.

Am Montag kam er zu mir:
Hey Onkel, alle meine Mitschüler können nur bis 50 zählen, nur ich kann bis 100.
Kommt das, weil ich mich im Consorsboard weiterbilde?
Ich: Sehr gut möglich!
----
am Dienstag:
Hey, Onkel, alle meine Mitschüler kennen das Alphabet nur bis "S", nur ich kenne es bis "Z"!
Kommt das, weil ich mich im Consors-Board weiterbilde?
Ich: Halte ich für durchaus möglich!

Am Mittwoch:
Hey, Onkel, heute hatten wir Sport -
hinterher beim Duschen habe ich gesehen, dass alle Mitschüler so ein kleines Pipi haben, nur ich habe so ein "Großes".
Kommt das weil ich mich im Consors-Board weiterbilde?

Ich: Nein, das kommt davon,
dass du schon 15 bist!!!!!!!!

" Zehn Anzeichen, die zweifelsfrei beweisen, daß Du Dich viel zu oft in Board 1 von CONSORS aufhältst"
...irgend ne Sucht? ;-):

1.) Du fängst an, "Loser" mit zwei "o" und "Widerstand" mit "ie" zu schreiben.
2.) Du benutzt beim Verfassen von Mails, Briefen und Urlaubspostkarten ausschließlich Großbuchstaben und versiehst sie mit unterschiedlichen Absenderangaben.
3.) Du beschimpfst Deine Freunde und Kollegen als "Broschen" und nennst Deinen Chef "Webmaster".
4.) Du behauptest gegenüber Deinen Kollegen von der Müllabfuhr hartnäckig, daß Du Millionär bist, einen Porsche fährst und Dir gerade eine neue Yacht gekauft hast.
5.) Du behauptest, dass die SOMMERRALLYE in diesem Jahr stattfindet!
6.) Du glaubst im Dezember immer noch, dass die SOMMERRALLYE in diesem Jahr stattfindet!
7.) Wenn Dich Deine Kinder anlügen, drohst Du ihnen empört damit, sie zu verklagen.
8.) Du überlegst Dir allen Ernstes, nach WESTFALEN zu ziehen.
9.) Bei der Geburt Deiner Tochter spielst Du ernsthaft mit dem Gedanken, ihr den Vornamen "Kampfentchen" zu geben.
10) Du verfaßt einen Text mit der Überschrift "Zehn Anzeichen, die zweifelsfrei beweisen, daß Du Dich viel zu oft in Board 1 von CONSORS aufhältst".

**..."THE BEST OF" - aus dem Consors-BrokerBoard
vom 10.08.1999 und 19.08.2000**
-
**Das Consors-BrokerBoard ist ein Ort, an dem auch
Anfänger ihre Fragen stellen können.
Hier nimmt man sich die Zeit, diese auch kompetent
zu beantworten...*(Consors Eigenwerbung)***
-

Was ist eine Emission? -
(ottorongo)
.....Auch E-Mission genannt: Geheime Mission/Spionage
im weltweiten Datennetz -
(Egon Kling)
..........Autoabgase sind Emissionen -
(Boardtrottel)
-
ab wann wird man startrader? bei besitz von 10.000
aktien (starnet) oder wie ? -
(dennis)
.....und man muß alle Werbungen von ConSors
auswendig können! -
(realticker)
..........und sich auch im Freibad die Consors-Nadel an die
Brust heften -
(Neworder)
-
Ich dachte Ericsson wäre ein Polarforscher gewesen?
(Liebling)
Klaro; dieser Mann hat versucht, als erster Mensch den
Südpol mit kurzen Hosen zu erreichen.
(Entenhasser)
...wenn du eine Fliege verschluckst, haste mehr Hirn im
Magen als im Kopf!
(Robin Put)

Was genau ist Daytrading? -
(Stoxfox)
.....kaufen und verkaufen einer Aktie am selben Tag -
(aotzu)
.........Es dürfen auch zwei oder drei sein!!! -
(Poseidon)
-
Was ist eine Mantelspekulation? ?? -
(Doc Linus)
.....Frag mal `nen Exhibitionisten!! -
Robin Put)
-
Wieviel % unter Kaufpreis setzt man eigentlich den
Stop-Losskurs richtig ? -
(bullrider)
.....99 Prozent -
(supermat)
-
NTV Wall Street - Wo sind Markus und Katja ? -
(Tobias Kleindienst)
.....Die Ratten verlassen das sinkende Schiff!! -
(Cashsnapper)
.........Sie wurden aufgrund der Verbreitung von Insider-
Geheimnissen verhaftet ! -
(WERTPAPIERAUFSICHT)
AUFHÖREN; ansonsten kommen wir noch in den
Abendnachrichten!
(STAR-Trader)
-
Moin,Moin---sagt mal, wie lange läuft das 3 Sat Spiel
noch? ? - *(saskia)*
.....Bis wir kein Geld mehr haben -
(Hafturlaub)
.........Dann it´s ja bald vorbei -
(Djuke)

Wo kann man Lose für Infinion kaufen? ?? -
(DerRitter)
Hat mal jemand Buntstifte? Ich will Infinion zeichnen! -
(Mr Rich)
Wer ist überhaupt Infineon? -
(Die Börsenaufsicht)
.....neue Energiesparlampe von Osram -
(chicago)
.........ach so, ich hatte gedacht, das ist die Mutter vom
Bernecker -
(Die Börsenaufsicht)
wenn ihr nicht traden könnt,
dann geht wieder ARBEITEN!
(derik)
-
Was macht denn da der Mann in meiner Wohnung mit den
vielen Aufklebern? -
(HerrK)
.....Ruft er Kuckuck dabei? -
(StevieWonder)
.........Frechheit- sogar mein Wellensittich hat nen
Aufkleber gekriegt! -
(HerrK)
-
Wer kennt WKN VON TUKA UTKAF ?
(SAUDI)
.....Re: Bei euch wird doch von rechts nach links gelesen
oder ?
(crashmacher)
Ja Ja - lol
(SAUDI)
-
...ist jetzt morgen die Börse auf, oder nicht? ?ot-
(bluemax)
.....in Bamberg+Nürnberg bleibt die Börse zu ! :-)) -

...wie lange kann denn bei consors gehandelt werden? -
(engbra)
.....Bis man pleite ist!!! ot -
(madstop)
-
Wenn ich in Xetra kaufe,kann ich dann in Berlin
verkaufen? ?ot -
(Dresden)
.....Bist Du ne Frau?..........ot
(zocma)
.....der ist bestimmt aus dem Osten! ot --
(Boardseelsorge)
..Schnautze halten! Besserwisser-Wessi!
(Dresden)
warum die Ossis zu den Wessis "Wessis" sagen...weil die
Ossis das Wort Spezialisten nicht aussprechen können
(Kojote)
ja.ja, das Blickfeld eines Ossis reicht kaum über seinen
Bierbauch
(Boardseelsorge)
.......*rofl* ot -
(casinoservice)
-
.....Welche Aktien profitieren vom Gebrauchtwagen-Boom?
(stoerenfried)
POLEN-Aktien der neue Trend ? Was kauft Ihr ? oT
(R+J)
.....Autoklau AG, + Sextours Holding sollen nicht schlecht
sein o.T. -
(Mausebaer)
-
wer kennt die www.adresse von EMTV?Danke!ot-
(klax)
.....nur, wenn du mir die adresse von ricardo.de gibst ! oT -
(Der Neutrale)

Meint ihr nicht, daß man jetzt wieder etwas kaufen
könnte?
(Unreal is back)
.....'nen Grabstein vielleicht! o.T. -
(quadral)
quadral, *hast du dir schon n'en Revolver gekauft?*
(Entenhasser)
...von was denn? o.T.
(quadral)
... na, dann halt 'nen Strick?
(Entenhasser)
-
was haltet ihr von dem Statement von Markus Koch? m.T.
(Schlappschwanz)
NICHTS!...ich vertraue nur Analysen, welche ich selbst
gefälscht habe!
(Börse am Sonntag)

**...und man beschäftigt sich auch mit aktuellen
Themen außerhalb der Börse (z.B. BSE)**
-
ooh, ist mir schlecht! Habe eben ein Dutzend Schnecken
gegessen.,die haben doch kein Hirn, oder? Da bin ich
doch vor BSE sicher?
(Ohrenigel)
.....hehehe,die Heimat der Salmonellen ist nicht
ausschließlich der Kartoffelsalat!!!o.T.
(Hupfdohle)
ja,ja,früher haben wir noch die Eier vom Stör gegessen
und Sekt aus der Champagne getrunken und das Leben
ging weiter...
(Ohrenigel)
..ich hatte mal nen Freund in der Schule und der hieß
"Schnecke"
(Kursverlust)

..mein bester Freund in der Schule hieß FROSCH
(Erich K)
..wieso Frosch????
(STAR-Trader)
...es war ein Frosch!
(Erich K)
-
Sonnenfinsternis sollte doch erst morgen sein oder?
(Jeff der Busfahrer)
.....Ja genau. *Wieso ist es denn jetzt schon dunkel?*
(Who dares Wins)
...mano ...mußt den Monitor anschalten!
(Bubka)
über diesen Witz habe ich zuletzt vor 2 Tagen gelacht und
das auch nur aus purer Höflichkeit
(IchHabEuerGeld)
ist es gefährlicher in die finstere sonne zu schauen als in
die normale ? -
(hendling)
.....etwa so gefährlich wie in ein Arschloch zu gucken -
(Jelzin_III)
Brauch ich die Brille eigenlich auch bei Bewölkung? ? -
(the cleaner)
.....Wenn du 8 Dioptrin hast...ja -
(Elwoodini)
......nimm am besten einen Restlichtverstärker !! -
(Die Nadel)
....achtung: brillen helfen nicht bei geistiger umnachtung! -
(day-trader)
-
so, ich möchte jetzt noch hinzulügen, ääh -fügen, meine
Arbeitszeit ist gleich um!
tschüß bis morgen
Euer Fostex
Die 4-Stunden-Woche: Mehr Zeit, mehr Geld, mehr Leben
Timothy Ferriss

35

Fast schon
Poesie

Katzenreligion

Es sitzt ein Vogel auf dem Leim,
Er flattert sehr und kann nicht heim.
Ein schwarzer Kater schleicht herzu,
Die Krallen scharf, die Augen gluh.
Den Baum hinauf und immer höher,
Kommt er dem armen Vogel näher.

Der Vogel denkt: Weil das so ist
Und weil mich doch der Kater frisst,
So will ich keine Zeit verlieren,
Will noch ein wenig quinquillieren
Und lustig pfeifen wie zuvor.
Der Vogel, scheint mir, hat Humor.

Das Vöglein, O Graus, es wird gefressen,
Mit Haut und Haaren, oder Federn besser.
Der Kater denkt, wie muss das schön sein,
Wenn es im Tod noch singt, so hold und rein.
Und predigt ab sofort entzückt,
Gefressen werden ist des Vogels höchstes Glück.

Die Katzen hören das alle gerne,
Nicht nur hier auch in der Ferne.
Und wieder ist eine Religion geboren
Katzen als Glücksbringer auserkoren.
Und geschrieben steht jetzt für jedes Katzenkind,
Dass Katzen für Vögel Heilige sind.

(Strophe 1 + 2 W. Busch)
(Strophe 3 + 4 Ohrenigel)

Die alte Dame, das Model und die Spatzen

Das Aufgebot war stark
an Pressefotolinsen.
Man schob mich durch den Park
und ließ mich ständig grinsen.

Ein altes Frauchen saß
verträumt am Wegesrand,
Ein Dutzend Spatzen fraß
ihr Krümel aus der Hand.

Gleich rief ein Fotograf:
„Das Bild wird ein Gedicht!
Stell´ du dich hin, sei brav!
Verscheuch´ die Vögel nicht!"

Die Spatzen sahen mich,
aber nicht den guten Zweck.
So leise ich auch schlich,
schimpfend flogen sie weg!

Verzeihen sie, Madame!
Was ich tu', ist schwer zu erklär'n
Sie brauchen keine Reklame!
Ich kann sie nicht entbehr'n!

Mich zwingt zu solchen Schritten
die Presse und die Not.
Kaum wag ich sie zu bitten
um ein paar Stückchen Brot.

Die Vögel fliegen dann
zurück auf meine Hand!
Ein solches Bild kommt an
bei den Fans im ganzen Land

Mademoiselle, sie irren sich,
sprach da die alte Frau,
die Tierchen kennen mich
seit Jahren ganz genau!

Sie kommen bloß zu mir,
weil ich mit ihnen sprech'.
Ich garantier' dafür:
Mademoiselle, sie haben Pech!"

Trotzdem gab sie charmant
von dem Brot ein bisschen her.
Ich streckte aus die Hand,
ganz so sicher doch nicht mehr.

Ein Spatz erst mußt´ es wagen,
dann war der Andrang groß...
Es macht ein leerer Magen
auch uns charakterlos!

Ja, nicht nur, dass sie kamen,
sie wollten mit auf's Bild!
Ein paar, vermutlich Damen,
waren darauf ganz schön wild!

Die Alte, die das sah,
stand auf und sprach kein Wort.
Sie nahm, den Tränen nah,
ihre Bündel und ging fort.

Sie kam an mir vorbei -
ein Blick, der Bände sprach!
Nein, mehr ein stummer Schrei,
der fast das Herz mir brach!

Ihr Gang war wie ein Schleppen,
jeder Schritt tat ihr wohl weh.
Sie wankte zu den Treppen,
hinab zur trüben Spree.

Kaum war die Alte fort,
da rief mein bess'res Ich:
Das war doch glatter Mord,
denn nun ertränkt sie sich!

Bald endet ihre Spur
in den Vermisstenlisten,
für deine Fotos nur
mit Spatzen als Statisten.

Ich lief um sie zu retten.
Die Alte stand am Fluss
und fasste wohl soeben
den tödlichen Entschluss!

Ich dachte nur mit Schaudern:
Ob ich sie noch erwisch?
Doch da hörte ich sie plaudern, mit...

...einem kleinen Fisch!

(Ohrenigel)

Jedem das Seine

Ich mach mir nichts aus Blasmusik
Ich mach mir nichts aus Schach
Die Marschmusik macht mir zu viel
Das Schach zu wenig Krach

Auch such ich eine Frau fürs Leben
Und auch viel Zeit für mich
Für diese gewissen Sekunden eben
Viel länger bräucht' ich sie nicht

Ich möchte immer bescheiden bleiben
Bei Kaviar, Wein aus Bordeaux
Ein Swimmingpool vielleicht im Garten
Dann lebt's sich leicht und man ist froh

Jedem das Seine
Mir das Beste
Viel mehr, das bräucht' ich nicht
Vielleicht noch Geld und Ruhm und Ansehen
Mit dem Verkauf von diesem Gedicht...

(Ohrenigel)

45

Tierische Gedichte

Auf das Rind

Auf das Rind
Laß ich nichts kommen
An BSE kann das nicht liegen
Ich ess es morgens
Ich ess es abends
Mit dem Schwanz vertreibt es Fliegen!

(Ohrenigel)

Auf das Schwein

Hans Trader hat ein Schwein gar nett,
Nur ist des Vieh so gar nicht fett.
Es schnuppert in des Consors Ecken
Und kratzt sich an den Bienenstöcken.
Die Bienen kommen schnell herfür
Und sausen auf das Borstentier.
Es wird gepiegst von allen Seiten
Es schwillt an von Kopf bis Beinen.

UIK; UIK; - Ss hat's geschrien -
Hans Trader denkt:"was hat des Swien?"
Wie staunt Hans Trader, als er's da
Schön angeschwollen stehen sah!-

Der Schweinekäufer geht vorüber:
"Was wollt ihr für Das Schwein, mein LIEBER?"
"So tausend Euro, heb ick dacht!"
"Hier sind sie, fertig, abgemacht!"

Hans Trader denkt sich still und froh:
"Was schert es mich! Er wollt dat jo!!!!!"

(frei nach W. Busch)

Rettet die Bäume - esst Biberfleisch

1.) Leute esst das Fleisch vom Biber
Leute rettet unseren Wald
Stellt die Fallen, legt die Schlingen
Leute macht den Biber kalt.

Refrain:
Leute esst den Biber
Mit und ohne Brot
Denn die braunen Nager
Sind der Bäume Tod.

2.) Putzig wie ein Hamster schaut er
Weich und flauschig ist sein Fell
Doch im Grunde ist's ein Raubtier
Fällt die Bäume viel und schnell.

Refrain:
Leute esst den Biber...

3.) Heiße Sommer, eis'ge Winter
Hat getrotzt der Baum am Bach
Doch der Biber macht zunichte
Alles nur in einer Nacht.

Refrain:
Leute esst den Biber...

4.) Und am Ende der Geschichte
Kommt der Weisheit letzter Schluss
Lege weg Papier und Bleistift
Weil ich Biber jagen muss.

(Ohrenigel)

..und noch ´en Gedicht

Der Trader meistens lügt,
Dafür gib ich mein Wort
Wenn eine Ente fliegt,
Treibt sie kein Wandersport.

Man soll nicht Biber reizen,
Ein Biber ist keine Kuh.
Wenn Aale Beine spreizen,
Sieht niemals jemand zu

Der PAPAgei
Macht viel Geschrei
Und einmal hat er Spass
Die MAMAgei
Sie legt das Ei
Das obige sie schnell vergas

Das Schaf ist,
Wie Ihr alle wißt ,
Eins der gereiftesten Tiere.
Es hat nicht zwei,
Nicht Beine drei,
Es hat der Beine viere

(aus Stumpfsinn -Verse)

**Witzigkeit
kennt
keine Grenzen!**

Am Busen der Muse

Beliebt ist bei der Männerwelt
ein schöner Busen, der gefällt,
der unsere Frauen herrlich ziert
uns immer wieder neu verführt.
Den Reizen, denen wir erliegen,
sobald wir sie zu fassen kriegen,
soll dies Gedicht gewidmet sein,
ganz gleich, ob diese groß, ob klein.

Wie launisch zeigt sich die Natur
wenn sie gestaltet die Figur.
Da lässt sie tolle Formen wippen,
oft sieht man nichts als Haut und Rippen.
Weil's unterschiedlich groß geformt,
drum ist auch der BH genormt.
Von eins bis zehn ganz kurz und schlicht
da steigen Größe und Gewicht.

Ganz ungeeignet ist zum Schmusen
die Größe eins - der Mini-Busen.
Kein Wunder, dass so schnell ermüdet,
wer so ein flaches Weib behütet.

Bescheiden ist auch das Vergnügen,
beim Busen Größe zwei zu liegen.
Immerhin ist was zu finden,
man weiß was vorne ist und hinten.

Mit Größe drei wird's schon erträglich,
da hat man was, da wird's beweglich.
Wenn ein Bikini dies umhüllt,
ergibt sich schon ein reizend Bild.

Mit Größe vier und schlanken Hüften
kann dich ein Weib sehr schnell vergiften
Du zappelst mit verwirrtem Sinne
wie ein Insekt im Netz der Spinne.

Welch' Weib weiß nicht um ihre Trümpfe,
steht im BH bei ihr die Fünfe.
Wie bebt vor Lust die Männerhand,
die so ein Prachtstück vollumspannt.

Ein Mann, der nie in seinem Leben
durft die Größe sechs bewegen,
der wurd vom Schicksal arg betrogen
um den ging's Glück in großem Bogen.

Ein schöner Busen Größe sieben
gibt Anstoß zu besonderen Trieben,
jagt Männer in die kühnsten Träume
wie Affen auf die höchsten Bäume.

Unbeschreiblich ist die Pracht
bei einem Busen Größe acht
Wer solchen Weibes Gunst errungen,
dem ist der größte Wurf gelungen.

Die Größe neun taugt nur fürs Bett,
für den, der Kummer hat, ist's nett.
Hier kann er sein Gesicht vergraben
und stundenlang der Welt entsagen.

Bei Größe zehn da wird's beschwerlich
auch ist es nicht mehr ungefährlich,
beugt sich 'ne Frau mit solchem Busen
über den Mann, bereit zum Schmusen.

54

Das Spiel mit Häkchen und mit Ösen
so schön es bei Größe sechs gewesen,
lustvoll spielend voller Feuer,
hier wird's zum echten Abenteuer.
Ist's letzte Häkchen endlich auf,
da nimmt das Schicksal seinen Lauf.
Aus dem vollen prallen Mieder
stürzt es wie Lawinen nieder.
Umhüllt des Mannes Haupt im Nu,
deckt Nase, Augen, Ohren zu.
So fühlt sich der ganz schnell bedroht
vom plötzlichen Erstickungstod.

Die Größe elf, die gibt es nicht,
drum endet hier auch dies Gedicht
mit diesen Worten an euch Frauen:
"Ihr wisst, worauf die Männer
schauen?"

(Entenfloh)

Schäferwitz

Es war einmal ein Schäfer, der in einer einsamen Gegend seine Schafe hütete. Plötzlich tauchte in einer grossen Staubwolke ein nagelneuer grauer Audi TT auf und hielt direkt neben ihm. Der Fahrer des TT, ein junger Mann in Brioni-Anzug, steigt aus und fragt ihn: "Wenn ich errate, wie viele Schafe Sie haben, bekomme ich dann eins?" Der Schäfer schaut den jungen Mann an, dann seine friedlich grasenden Schafe, und sagt ruhig: "In Ordnung." Der junge Mann parkt den TT, verbindet sein Notebook mit dem Handy, geht im Internet auf eine NASA-Seite, scannt die Gegend mit Hilfe seines GPS-Satelliten-navigationssystems, öffnet eine Datenbank und 5 Excel-Tabellen mit diversen Formeln. Schließlich druckt er auf seinem Minidrucker einen 10-seitigen Bericht aus , dreht sich zu dem Schäfer um und sagt: "Sie haben hier exakt 1586 Schafe." Der Schäfer sagt: "Das ist richtig! Suchen Sie sich ein Schaf aus." Der junge Mann nimmt ein Schaf und lädt es in den TT ein. Der Schäfer schaut ihm zu und sagt: "Wenn ich Ihren Beruf errate, geben Sie mir das Schaf dann zurück? "Klar, warum nicht", antwortet der junge Mann. "Sie sind Unternehmensberater." "Das ist richtig. Woher wissen Sie das?" "Sehr einfach", sagt der Schäfer. "Erstens kommen Sie hierher, obwohl Sie niemand gerufen hat. Zweitens wollen Sie ein Schaf dafür, dass Sie mir etwas sagen, was ich ohnehin schon weiss, und drittens haben Sie keine Ahnung von dem was ich hier mache. Und jetzt geben Sie mir bitte meinen Hund wieder zurück!"
(Alexbo)

Die berühmten "letzten Worte" ... (Teil 1)

- ...der Airbus-Crew: "Das Lämpchen da blinkt - ach vergessen wir´s."
- ...von Alfred Biolek: "Das schmeckt aber komisch."
- ...des Architekten: "Mir fällt da gerade noch was ein..
- ...des Astronauten: "Keine Angst, die holen uns zurück...
- ...des Atomphysikers: "Kritische Masse? Noch nie davon gehört..."
- ...des Ausbrechers: "Die Strickleiter ist zu kurz."
- ...des Autofahrers: "Wenn das Schwein da nicht abblendet, mach´ ich´s auch nicht."
- ...des betrunkenen Autofahrers: "Scheiß Baum, weich´ doch endlich aus!"
- ...des Autoschlossers: "Laß mal die Hebebühne runter..."
- ...des Bademeisters: "Halt durch. Ich rette dich."
- ...des säuregeschädigten Baumes: "It´s raining again"
- ...des Baustatikers: "Ich glaube, ich habe mich da irgendwo verrechnet..."
- ...des Beifahrers: "Rechts ist frei!"
- ...des Bekifften: "Schaut her: Ich kann fliegen..."
- ...des Bergsteigerlehrlings: "Ach, so muß man die Knoten machen..."
- ...des Bergsteigers: "Waren gar nicht mal teuer, diese Karabinerhaken..."
- ...des Bettnässers: "Mach´ mal die Heizdecke an!"
- ...des Biologen: "Die Schlange da kenn´ ich, die ist nicht giftig!"
- ...des Blinden: "Ich hab´s kommen sehen."
- ...des Bombenentschärfers: "Ich nehm´ den roten Draht."
- ...des Bombenentschärfungsteamleiters: "Klar kannst du den roten Draht durchschneiden!"

- ...des Briefträgers: "Braves Hundchen..."
- ...der Challenger-Crew: "Laßt die Frau da mal ans Steuer."
- ...des Chefs: "Tolles Geschenk, so ein Feuerzeug in Revolverform."
- ...des Chemikers: "Darf das warm werden?"
- ...des Chemielehrers: "Dieser Versuch ist völlig ungefährlich."
- ...des Chemiestudenten: "Das ist wirklich eine interessante Reak..."
- ...des Co-Piloten: "Was meinst Du mit ´Ich hab´ vergessen zu tanken´?"
- ...des Computerfreaks: "Der Händler hat gesagt, die zwei Karten vertragen sich."
  ...des Computers: "Sind Sie sicher? [J/N]"
- ...des Crewmitglieds auf der Estonia: "Schlechte Luft hier. Ich mach´ mal die Klappe auf!"
- ...des Detektivs: "Klarer Fall: Sie sind der Mörder!"
- ...des Do-it-yourself-Mechanikers: "Das müßte halten..."
- ...des E-Gitarre-Spielers: "Gib' noch ein wenig Saft drauf."
- ...des Elektrikers: "Alles klar, kannst jetzt einschalten..."
- ...der Ehefrau: "Mein Mann kommt erst in drei Stunden nach Hause."
-
- ...des Einbrechers: "Die Bullen lassen sich hier nie blicken."
- ...des Elektrikerlehrlings: "Klar hab´ ich den Strom abgeschaltet!"
- ...des Erfinders: "So, probieren wir´s mal aus..."
- ...des Fahrlehrers: "So, das probieren Sie nun mal alleine."
- ...des Fahrradfahrers: "Schau mal, freihändig!!!"
- ...des Börsianers: "Jetzt kaufen - billiger wird's nimmer!"

59

Hochgeistige Beiträge

An alle Teenies... (und knapp darüber) mvT

Offen gestanden kotzt es mich an: Dieses dumme Gerede der derzeitigen "Generation Z", die 80er Jahre wären langweilig gewesen. Totaler Bockmist!

Hört genau zu, Ihr zungengepiercten Tekknohoppler mit Tattoos auf der linken Arschbacke: Ihr wart nicht dabei! Wir Mitdreissiger haben sie live erlebt: die Geburt des Synthesizers und den wahren Soundtrack der 80er, der von Bands wie Depeche Mode, Cure und Yazoo geschrieben wurde. Wir haben noch mit Midischleifen und Oszillographen gekämpft! Wir haben Euren Tekkno er-funden, bei uns nannte sich das aber noch "Wave" und war tatsächlich Musik. (übrigens verwursten Eure DJs die Dinger noch heute zu einer Art musikalischer Canneloni mit schwülstiger Computerbass-Sosse). Wir mussten noch keine Angst haben, dass uns Tina Turner mit dem klassischen Seniorenoberschenkelhalsbruch von der Bühne purzelt und wir haben Madonna noch mit festen Brüsten und ohne Baby-Pause gekannt, ihr Nasen! Wir verbinden "Kraftwerk" noch nicht mit Kernenergie und wir hatten noch Angst, dass Joschka Fischer von Holger Börner mit der Dachlatte verprügelt wird. Wir erinnern uns noch an Terroristenfahndungsplakate, auf denen hin und wieder ein Gesicht liebevoll mit Kuli von einem Staatsbediensteten durchgestrichen wurde..... Die Bundeswehr und die NVA machten noch Spaß, wir kannten ja die Richtung, aus der der Feind kommt.... Zu unserer Zeit fielen Break-Dancer auf den Fussgängerzonen noch hin und wieder richtig auf die Fresse und Peter Maffay wurde beim Stones-Konzert noch ordentlich von der Bühne gepfiffen. Wir hatten noch Plattenspieler (auf 33" und 45") und richtig geile Plattencover, auf denen man die Namen der MUSIKER (und nicht der Programmierer) ohne Lupe erkennen konnte und die tatsächlich Kunst waren - keine tempotaschentuchgrossen, einfarbigen Booklets auf denen gerade noch "Nice Price" lesbar ist. Für uns war eine LP etwas Heiliges, das gepflegt und geliebt werden musste - und keine CD-Plastik-Wegwerfware, die so robust ist, dass man sie durchaus auch als Bierglasuntersetzer verwenden kann. Bei uns erkannte jeder sein Eigentum noch an den individuellen Kratzern. Wir haben kein BB geguckt sondern "Formel 1", wo es eine ganze fette Stunde wirklich gute Musikvideos zu sehen gab, die den Song untermalten, wir hatten kein MTV mit degenerierten CD-Werbespots nötig. Wir haben uns "Wiedersehen mit Brightshead" reingezogen und schleppten dann Teddies in Diskotheken und liessen uns die Haare seitlich ins Gesicht fallen - ohne diese beknackten, umgedrehten Baseballmützen oder Wollhauben. In unseren Hosen konnte man sehen, ob einer einen Hintern hatte, heute hängt der Arsch ja bei jedem von euch in der Kniekehle der achso tollen Adidas-Jogginghose. Bei uns haben sich keine Neonazis mit Türken gekloppt, sondern Punks mit Teds, Teds mit Poppern, Popper mit Ökos und Ökos mit der Polizei.... Und wer einen Führerschein hatte, fuhr als erstes einen Käfer oder einen Döschewo, bei dem Dellen von Individualismus zeugten, Ihr VW Golf - Popel!

Und weil Ihr gerade im Leistungskurs Informatik sitzt: Die AC/DC-Einritzungen auf den Tischen sind von UNS - und es geschieht Euch nur recht, wenn ihr glaubt, dass die Dinger aus dem Physiksaal kommen, wo irgendein findiger Schüler seinerzeit die Abkürzung für "Gleichstrom/Wechselstrom" in die Bank gemeiselt hat! Also erzählt uns nichts über die 80er.

(Nachwuchstrader)

62

Büttenrede

(Narrhalla-Marsch)

Alaaf un Helau - seid ihr bereit?
Herzlisch willkommen zur Beklopptenzeit!
mer kenne dat us Akte X
de Mulder roope hölpd da nix
det kütt durch Strahle us dem All
und plötzlich is dann Karneval

(Tusch)

Op enne Schlag sinn alle dämlich
denn dat befiehlt dat Datum nämlich
Et is die Zit de dollen Taje
det is sonn Art Idiotenplaje
ne Verschwörung blöd zu werde
die jährlisch um sich packt uf Erde
ne wahre Usjeburt der Hölle
un Usjangspunkt ja dat is Kölle.

(Tusch)

op eenmol donnt in alle Ländern
die Lütt sisch janz schlimm ändern
se jont sisch hemmungslos besaufe
und fremde Minsche Freibier kaufe
schmisse sisch Kamelle an die Schädel
betatsche Junges und och Mädels
un donnt doch jede demm se sehe
janz furschbar op die Eier jehe.

Se donnt nur noch in Reime spresche
un sind so witzisch... man könnt bresche,
bewege sisch in Polonäs,
die hann doch all en Hirnprothes
man möschte denne - janz im Vertraue
am liebste in die Fress reinhauhe

Doch wat soll man dajeje maache?
Soll man villätz noch drüver laache?
Et hölp ke Schreeje un ke Schimpfe,
man kann sisch nit mal jeje impfe,
die Macht der Jecken is zu stark,
als dat man sisch zu wehre vermag

(kein Tusch)

Am beste is, man blib zuhuss
un sperrt de Wahnsinn eenfach us
Man schliesst sisch en paar Tarje in
un lässt die Jecken blöde sin
De Trick is, dat man sisch verpisst
bis widder Aschermittwoch is

Un steht son Doll ens vor de Dör
Son Jeck mit nem Pappnasengeschwör
saacht statt "Hallo" vielleicht "Hellau"
dann dreh en um, die blöde Sau,
tritt demm kräftisch in de Arsch
und roop janz lut "Narhalla-Marsch"

(Tusch, Narrhalla-Marsch mit schnellem Weglaufen!)

(4711)

Die berühmten "letzten Worte" ... (Teil 2)

- ...des Fallschirmspringers: "Scheiß Motten!!!"
- ...des Fensterputzers auf der Leiter: "Mit beiden Händen gehts schneller...
- ...des Fleischermeisters: "Kalle, wirf mir mal das Messer rüber."
- ...des Fußgängers: "Der will doch bestimmt nur spielen, oder?"
- ...des Pilzberaters: "Der ist ungiftig, den kann man bedenkenlos essen."
- ...der Geisel: "Du wirst doch wohl nicht schießen?."
- ...des Geisterfahrers: "Was heißt hier einer? Hunderte!!!"
- ...des Gerichtsvollziehers: "... alles gepfändet!"
- ...des Gleisarbeiters: "Nein, da fahren Sonntags keine Züge!"
- ...des Großwildjägers: "Hmm, eben war er noch da drüben..."
- ...des Handgranatenwerfers: "Bis wieviel, sagten Sie, muß ich zählen?"
- ...des Hardware-Bastlers: "Das Netzkabel lasse ich als Erdung dran!"
- ...des Henkers: "Das Fallbeil klemmt? Kein Problem, ich schaue mal nach..."
- ...des Holz-Anstreichers: "Xyladecor - für Innen- und Außen..."
- ...von Jesus: "Scheiß Ostern!"
- ...des Titanic-Kapitäns: "Dieses Schiff ist unsinkbar!"
- ...des LKW-Fahrers: "Diese alten Brücken halten ewig!"
- ...zweier Löwenbändiger: "Wie? Ich dachte, DU hättest sie gefüttert!?!"
- ...des Matrosen: "Ich dachte nie, daß ich mal schwimmen müßte."
- ...des Mensakoches: "Merkwürdig ruhig da draußen..."

Das Buch braucht Masse!

Schon gewusst?

...Ich weiß!...ging schon zigtausendmal durchs Internet!
...ist für die Normalos,
welche sich nicht den halben Tag im Internetz verfangen!

Frage: WARUM ÜBERQUERTE DAS HUHN DIE STRASSE?

>>> PLATO:
Für ein bedeutenderes Gut.
>>>
>>>ARISTOTELES:
Es ist die Natur von Hühnern, Straßen zu überqueren.
>>>
>>> KARL MARX:
Es war historisch unvermeidlich.
>>>
>>> TIMOTHY LEARY:
Weil das der einzige Ausflug war, den das Establishment dem Huhn zugestehen wollte.
>>>
>>> SADDAM HUSSEIN:
Dies war ein unprovozierter Akt der Rebellion und wir hatten jedes Recht, 50 Tonnen Nervengas auf dieses Huhn zu feuern.
>>>
>>> RONALD REAGAN:
Hab ich vergessen.
>>>
>>> CAPTAIN JAMES T. KIRK:
Um dahin zu gehen, wo noch kein Huhn vorher war.
>>>
>>> HIPPOKRATES:
Wegen eines Überschusses an Trägheit in seiner Bauchspeicheldrüse.
>>>
>>> LOUIS FARRAKHAN:
Sehen Sie, die Straße repräsentiert den schwarzen Mann. Das Huhn "überquerte" den schwarzen Mann, um auf ihm herumzutrampeln und ihn niedrig zu halten.

>>> ANDERSEN CONSULTING:

Deregulierung auf der Straßenseite des Huhns bedrohte seine dominante Markposition. Das Huhn sah sich signifikanten Herausforderungen gegenüber, die Kompetenzen zu entwickeln die erforderlich sind, um in den neuen Wettbewerbsmärkten bestehen zu können. In einer partnerschaftlichen Zusammenarbeit mit dem Klienten hat Andersen Consulting dem Huhn geholfen eine physische Distributionsstrategie und Umsetzungsprozesse zu überdenken. Unter Verwendung des Geflügel-Integrationsmodells (GIM) hat Andersen dem Huhn geholfen, seine Fähigkeiten, Methodologien, Kapitalien und Erfahrungen einzusetzen, um die Prozesse und Technologien des Huhns für die Unterstützung seiner Gesamtstrategie innerhalb des Programm-Management-Rahmens auszurichten.

Andersen Consulting zog ein diverses Cross-Spektrum von Straßen-Analysten und besten Hühnern sowie Andersen Beratern mit breitgefächerten Erfahrungen in der Transportindustrie heran, die in zweitägigen Besprechungen ihr persönliches Wissenskapital, sowohl stillschweigend als auch deutlich, auf ein gemeinsames Niveau brachten und die Synergien herstellten, um das unbedingte Ziel zu erreichen, nämlich die Erarbeitung und Umsetzung eines unternehmensweiten Werterahmens innerhalb des mittleren Geflügelprozesses. Die Besprechungen fanden in einer parkähnlichen Umgebung statt, um eine wirkungsvolle Testatmosphäre zu erhalten, die auf Strategien basiert, auf die Industrie fokussiert ist und auf eine konsistente, klare und einzigartige Marktaussage hinausläuft.

Andersen Consulting hat dem Huhn geholfen, sich zu ver-ändern, um erfolgreicher zu werden.

>>> MARTIN LUTHER KING, JR.:
Ich sehe eine Welt, in der alle Hühner frei sein werden,
Straßen zu überqueren, ohne daß ihre Motive in Frage
gestellt werden.
>>>
>>> MOSES:
Und Gott kam vom Himmel herunter, und Er sprach zu dem
Huhn: "Du sollst die Straße überqueren". Und das Huhn
überquerte die Straße, und es gab großes Frohlocken.
>>>
>>> FOX MULDER:
Sie haben das Huhn mit Ihren eigenen Augen die Straße
überqueren sehen. Wieviele Hühner müssen noch die
Straße überqueren, bevor Sie es glauben?
>>>
>>> RICHARD M. NIXON:
Das Huhn hat die Straße nicht überquert. Ich wiederhole,
das Huhn hat die Straße NICHT überquert.
>>>
>>> MACHIAVELLI:
Das Entscheidende ist, daß das Huhn die Straße
überquert hat. Wer interessiert sich für den Grund? Die
Überquerung der Straße rechtfertigt jegliche möglichen
Motive.
>>>
>>> JERRY SEINFELD:
Warum überquert irgend jemand eine Straße? Ich meine,
warum kommt niemand darauf zu fragen: "Was zum Teufel
hat dieses Huhn auf der anderen Seite überhaupt gewollt?"
>>>
>>> FREUD:
Die Tatsache, daß Sie sich überhaupt mit der Frage
beschäftigen, daß das Huhn die Straße überquerte,
offenbart Ihre unterschwellige sexuelle Unsicherheit.

>>> BILL GATES:
Ich habe gerade das neue Huhn Office 2000
herausgebracht, das nicht nur die Straße überqueren,
sondern auch Eier legen, die Hühner schlachten und Ihre
Gewinn- und Verlustrechnung machen wird.
>>>

>>> OLIVER STONE:
Die Frage ist nicht: "Warum überquerte das Huhn die
Straße", sondern "Wer überquerte die Straße zur gleichen
Zeit, den wir in unserer Hast übersehen haben, während
wir das Huhn beobachteten?"
>>>

>>> DARWIN:
Hühner wurden über eine große Zeitspanne von der Natur
in der Art ausgewählt, sodaß sie heute genetisch
prädestiniert sind, Straßen zu überqueren.
>>>

>>> EINSTEIN:
Ob das Huhn die Straße überquert hat oder die Straße
sich unter dem Huhn bewegte, hängt vom relativen
Standpunkt des Betrachter, bzw. Referenzrahmens ab.
>>>

>>> BUDDHA:
Mit dieser Frage verleugnest Du Deine eigene
Hühnernatur.
>>>

>>> RALPH WALDO EMERSON
Das Huhn überquerte die Straße nicht ... es
transzendierte sie.
>>>

>>> ERNEST HEMIGWAY:
Um auf der anderen Straßenseite im Regen zu sterben.
>>>

>>> COLONEL SANDERS:
Ich hab eines übersehen?

>>> BILL CLINTON:
Ich war zu keiner Zeit mit diesem Huhn alleine!
Ich wiederhole: Ich war zu keiner Zeit mit diesem Huhn
alleine!
>>>
>>> STAR DIVISION:
Das Huhn nutzte im Rahmen unseres Intuitive-Use-
Modells die ihm bereitgestellte Möglichkeit, per Auto-
Crossing seinen Straßenrand-Kontext zu wechseln.
Die Tatsache,
dass es mitten auf der Straße plattgefahren wurde
und deshalb den anderen Straßenrand nicht erreichen
konnte, ist uns seit längerem bekannt und zur
Verbesserung weitergeleitet worden - es ist daher kein
Bug, sondern nur eine Funktionsunschönheit.
>>>

Die berühmten "letzten Worte" ... (Teil 3)

- ...von Milli Vanilli: "So, jetzt singen wir mal live."
- ...des Möbelpackers: "Sag rechtzeitig Bescheid, wenn Dir das Klavier aus den Händen rutscht!"
- ...des Motorradfahrers in der Kurve: "Ööööööööl..."
- ...des Politikers: "Zu keiner Zeit bestand irgendeine Gefahr für die Bevölkerung!"
- ...des Polizisten: "Sechs Schuß, der hat keine Munition mehr..."
- ...des Poppers: "Na, du blöder Skinhead?!?"
- ...des Präsidentensohnes: "Wofür ist dieser rote Knopf?"
- ...des Priesters: "Laßt uns in dieser schweren Stunde auf Gott vertrauen."
- ...des Radfahrers: "Der muß anhalten, ich hab´ Vorfahrt..."
- ...des Rennfahrers: "Ob der Mechaniker weiß, daß ich was mit seiner Freundin hatte?"
- ...des Schornsteinfegers: "*HUST* Ich seh' nichts mehr."
- ...des Sensationsreporters: "Das wird DIE Aufnahme!"
- ...des Software-Entwicklers: "Natürlich habe ich ein intaktes Backup!"
- ..des Sportlehrers: "Alle Speere zu mir!"
- ...des Sportschützen: "Nur noch kurz den Lauf reinigen..."
- ...des Steinzeitmenschen: "Ich frag´ mich, was da in der Höhle ist..."
- ...von Steven Spielberg bei den Dreharbeiten von "Der weiße Hai": "Tolles Modell; sieht aus wie echt!"
- ...des Stuntmans: "Wie? Reality-TV?"
- ...des Tankwarts: "Hast Du mal Feuer?"
- ...des Tarzandarstellers: "UAH, wo ist die Liane?"
- ...des Löwenjägers: "Scheiße, Munition alle..."

- ...des Mantafahrers: Die Kurve krieg ich locker mit 180...)
- ...des Tauchers: Die Luft reicht noch gut 'ne Viertelstunde..
- ...des Trapezkünstlers: "Jetzt das Ganze ohne Netz..."
- ...des Turmspringers: "AAAH! Wo ist das Wasser?"
- ...des Türstehers: "Nur über meine Leiche..."
- ...des U-Boot-Kapitäns: "Hier müßte mal dringend gelüftet werden."
- ...des Walfängers: "So, den hätten wir am Haken!"
- ...des Wattwanderers: "Oh, meine Uhr ist stehengeblieben."
- ...der Weihnachtsgans: "Oh, du fröhliche..."

**Und nun zum Schluss
der alles ruinieren muss!**

Wenn Sie auf diesen Seiten nicht alles verstehen sollten,
seien Sie froh.

Wer diese Verse witzig findet, fuhr früher
höchstwahrscheinlich einen Porsche und lebt heute von
Hartz IV

-35 sichere Zeichen, dass Sie keine Ahnung von der Börse haben

: 1. Sie wollten am NEUEN MARKT Kartoffeln kaufen.

: 2. Sie halten KGV für den Nachfolger des KGB.

: 3. Sie denken, HAUSSE sei der Dicke aus Bonanza.

: 4. COMDIREKT ist für Sie ein anderes Wort für 'Quickie'.

: 5. Sie halten SMAX für ein neues Kelloggs-Produkt.

: 6. BEATE UHSE ordern Sie mit der WKN "6".

: 7. Sie sind der Meinung B2B sei eine neue Popgruppe.

: 8. Sie behaupten der IWF dient dem Schutz von aussterbenden Tieren.

: 9. Sie finden, dass ein Emissionsprospekt nicht sehr verkaufsfördernd ist, da dort immer so böse Sachen drin stehen.

: 11. Sie sind sicher, dass AMAZON ein großer Fluss in Südamerika ist.

: 12. Sie denken, dass BASLER steigt wenn der 1.FC Kaiserslautern gewinnt.

: 13. Sie meinen, dass mit BILFINGER ein Finger von Clinton gemeint ist.

: 15. Sie sind überzeugt, dass POPNET für die geburts-schwachen Jahrgänge verantwortlich ist.

: 16. Sie halten ADIDAS-SALOMON für einen alten biblischen Propheten.

: 17. Sie denken bei LANG+SCHWARZ auch nur an Sauereien.

: 18. Sie halten KOSTOLANY für einen polnischen Komponisten.

: 19. Sie glauben, dass Stammaktien nur von Holzfällern gehalten werden.

: 20. TELEPLAN ist Ihrer Ansicht nach eine neue Fernsehzeitschrift.

21. Sie denken, dass der FREIVERKEHR für kostenlose Bordellbesuche genutzt wird.

: 22. Sie behaupten, dass der BUND FUTURE die zukünftige Länge der Wehrdienstzeit anzeigt.

: 23. Sie meinen, der DAX würde im Wald leben und sei ein niedliches possierliches Tierchen.

: 24. Sie geben in Ihrem Reisebüro als Ziel für Ihren Sommerurlaub FORTUNECITY an.

: 25. Sie glauben METRO sei die Aktie der Pariser U-Bahn.

: 26. Sie halten AMERICAN EXPRESS für den neuen Schnellzug von New York nach L.A.

: 27. Sie nehmen an, dass ERICSSON ein norwegischer Polarforscher gewesen ist.

: 28. Sie denken, dass "greife nie in ein fallendes Messer" nur für Köche gilt.

: 29. Sie kennen einen SPLIT nur aus der Eistruhe von Dr. Oetker.

: 30. Sie haben beim PARKETTHANDEL Laminat bestellt.

: 31. Sie sind der Meinung, SAP sei eine skandinavische Automarke.

: 32. Sie überweisen Ihre Fernsehgebühren schon seit Jahren an die EZB.

: 33. Sie glauben RICARDO ist der Mittelfeldstar von Real Madrid.

: 34. Sie kaufen sich zum knabbern ausschließlich BIO-Chips.

: 35. Sie meinen, AFFYMETRIX wohne in einem gallischen Dorf.

Nachwort

Ein Bestseller?

Ich nehm dies Buch,
das Buch ist leicht.
Ein Zweifel wächst,
Gewissheit weicht:
Ob das wohl
für 'nen Bestseller reicht?

Schlag ich es auf,
schaut Kunst heraus,
doch Zweifel nagt
am Grund des Baus:
Wie schaut das klein
und nichtig aus!

Ist das noch schön?
Schon Poesie?
Dichterei?
gar Philosophie?
Ist weder noch
S' ist Schwachsinnerie!

Es ist jetzt
unter Dach und Fach.
Nur manchmal leider
etwas flach
und dünner
als ich es gedacht!

Viel leerer Raum
der Rest ganz leicht.
Gewissheit wächst,
ein Zweifel weicht:
Ich stell jetzt fest,
bin kein Genie

und für 'nen Bestseller
reicht das nie!

(Ohrenigel)

Geiz ist asozial!